RABINDRANATH TAGORE
LICHT AUS DER EWIGEN MORGENRÖTE

Rabindranath Tagore

# Licht aus der ewigen Morgenröte

## Weihnachtsgedanken

VERLAG NEUE STADT
MÜNCHEN · ZÜRICH · WIEN

2013, 1. Auflage der Neuausgabe
© Alle Rechte für die deutschsprachige Ausgabe
   bei Verlag Neue Stadt GmbH, München
Umschlaggestaltung unter Verwendung eines Fotos
   von Horst Palta
Gestaltung und Satz: Stefan Liesenfeld
Druck: fgb – Freiburger Graphische Betriebe, Freiburg i. Br.
ISBN 978-3-87996-998-2

*Rabindranath Tagore wurde 1861 in Kalkutta/Bengalen als vierzehntes Kind einer wohlhabenden Familie geboren. Sie war geprägt von einer kulturell-sozialen Reformbewegung. Der Gründer Ram Mohan Roy knüpfte an die Gottesvorstellung der Upanishaden an, einer frühen Sammlung heiliger Schriften des Hinduismus, versuchte aber den Hinduismus nach dem Vorbild westlich-aufklärerischer Ideen zu reformieren. Als Tagores Vater die Leitung der Bewegung übernahm, galt sein ganzer Einsatz der Überwindung des Kastensystems und der Emanzipation der Frau. Rabindranath wurde von diesen Ideen geprägt. Das freiheitsliebende Kind, das mit 13 Jahren die Mutter verlor, verließ ohne Abschluss die Schule. 17-jährig wurde Rabindranath zum Studium nach England geschickt. Er besuchte eine Schule und hörte Vorlesungen über englische Literatur an der Universität London. 1883 heiratete er die Tochter eines Hausangestellten; nur zwei der fünf Kinder haben ihn überlebt. Als Aufseher über die Ländereien der Familie gründete er Genossenschaften, Schulen und Krankenhäuser. 1901 begann er nördlich von Kalkutta, in*

*Santiniketan, wörtlich: „Ort des Friedens", ein gemeinschaftliches Leben von Schülern und Lehrern mit Unterricht und Einübung in den Lebensalltag und in die Religion. Der einfache Lebensstil mit großem künstlerischen Freiraum zog viele Menschen an, so auch Mahatma Gandhi, dem Tagore kurz vor seinem Tod am 7. August 1941 die Leitung übergab.*

*Tagore fand immer wieder auch Zeit zum Schreiben. Für sein großes literarisches Werk erhielt er 1913 den Nobelpreis für Literatur.*

*Die Grenzen sprengende Weite dieses großen Geistes scheint auf in seinen Ansprachen über Jesus, die Tagore alljährlich am Weihnachtstag in seinem Ashram hielt. Mit der ihm eigenen Sensibilität und Sprachkraft nähert er sich der Gestalt Jesu. „Da er doch der ganzen Welt gehört", will er ihn nicht ausgegrenzt wissen aus seiner hinduistischen Religion, sondern Interesse wecken für diese „Große Seele", die wie ein „Licht aus der ewigen Morgenröte" allen Menschen leuchten will.*

*Victor Mendes*

# Inhalt

# Wie ein immergrüner Feigenbaum

## Der Weg Christi

Eines Tages fragte ich einen Angehörigen der Baul-Sekte [singende Bettelmönche aus Nordbengalen]: „Esst ihr überall, wo ihr eingeladen werdet?" – „Nein", bekam ich zur Antwort. Und zur Begründung sagte man mir: „Wir essen nicht in den Häusern derer, die uns nicht wohlgesinnt sind." – Ich erwiderte: „Ich verstehe, dass nicht alle Menschen *euch* wohlgesinnt sind. Aber warum seid nicht *ihr* gut zu allen?" Der Mönch schwieg für einen Augenblick, dann sagte er in aller Einfachheit: „Ja, in diesem Punkt stimmt etwas nicht bei uns."

Die Mentalität unserer Gesellschaft ist geprägt von Unterscheidungen und Trennungen. Deshalb essen wir nur an bestimmten Orten und an anderen nicht. Wir haben durch die ganze Welt künstliche Trennungslinien gezogen. Aber nicht nur das: Wir haben viele große Gestalten hinter unüberwindbaren Zäunen abgesondert wie Fremdkörper. Doch diese Menschen gehören der ganzen Welt! Wir sind nicht bereit, in ihren Häusern zu Gast zu sein. Die Vorsehung hat sie geschickt, um die ganze Welt zu bereichern, und wir sind so überheblich, sie auszugrenzen.

In dieser Haltung verharrten wir lange Zeit, ohne jedes Interesse für Jesus, die Große Seele. Wir haben uns geweigert, ihn in unser Herz aufzunehmen. Doch dafür sind wir nicht allein verantwortlich. Wir haben Christus vor allem durch die christlichen Missionare kennengelernt. Und ihre Art, Christ zu sein, hat uns manchmal Christus verdeckt. Bis heute versuchen Christen, unsere religiösen Bräuche zu zerstören. Um uns zu verteidigen, sind wir gezwungen zu kämpfen. Doch wer kämpft, ist nicht weise in seinem Urteil. So haben wir in unserem erbitterten Kampf nicht nur die Christen getroffen, sondern Christus selbst.

Doch die Großen der Menschheit als Feinde zu behandeln ist wie Selbstmord. Im Hass haben wir die großen Ideale unseres Landes verraten und sind dabei selbst verarmt.

Mit dem Eindringen der englischen Kultur ist unsere Gesellschaftsordnung in eine große Krise geraten. Selbst unsere Gelehrten wurden verwirrt. Es schien, als seien unsere asketischen Übungen nur ein Kinderspiel, als gäbe es in unserem Land keine hohen Ideale, als hätten wir nie etwas von Gott verstanden. Diese negative Beurteilung unserer Gebräuche führte dazu, dass wir uns vor uns selbst schämten. Damit gerieten die Fundamente unserer hinduistischen Gesellschaft ins Wanken, das ganze Land wurde erschüttert …

In jener schwierigen Zeit hat uns Ram Mohan Roy [Wegbereiter des modernen Denkens in Indien; 1772–1833] aus der Bedrängnis von außen befreit. Er offenbarte den von Zweifeln geplagten Menschen unseres Landes einen ewigen Schatz. Mit ihm endete die Zeit, da wir unsere religiösen Übungen als minderwertig erachteten. Heute können wir ohne Angst die großen

Botschaften aller Religionen und aller großen Menschen aufnehmen. Und wir können der Welt mit den Schätzen unserer Väter ein wunderbares Geschenk machen.

In unglücklichen Momenten, wenn die Menschen schwach sind, fallen sie von einem Extrem ins andere. Wenn die Körpertemperatur steigt und das Fieber Träume weckt, sind wir krank. Doch wenn die Temperatur extrem fällt, sind wir in Lebensgefahr. Heute müssen wir befürchten, dass unser Land der entgegengesetzten Gefahr verfällt wie in der Vergangenheit.

Auch wenn wir von der Größe unserer Geschichte überzeugt sind, verhindern wir selbst durch unser Nachlassen im Leben der Tugenden, dass diese Größe anerkannt wird. Einst waren wir Gefangene der Missstände in Gesellschaft und Religion. Jetzt werden wir vom Stolz geleitet und sehen es als ein Zeichen der Tugend an, alles Negative zu übernehmen. Wir halten unser Haus nicht mehr rein, wir werfen den Unrat nicht mehr weg und beschmutzen uns mit allem, was uns in die Hände kommt.

Ja, wir halten es gar für eine Geste der Solidarität, Perlen mit Schlamm zu vermischen.

All das ist Ausdruck der Finsternis. Alles zu rechtfertigen, allem den gleichen Wert beizumessen, dem Guten wie dem Bösen, der Wahrheit wie der Lüge, ist gleichbedeutend mit Sterben.

Eine Religion ist lebendig, wenn sie zu Entscheidungen führt. Denn es gibt eine Rangordnung der Werte, man muss das eine annehmen und das andere ablehnen, das Wertvolle behalten und das Nutzlose zurückweisen.

Der Aufbruch, zu dem es durch den westlichen Einfluss in unserem Land kam, war vor allem vom Denken geprägt. Wir entdeckten, dass unser Verhalten nicht von rationalen Grundsätzen geleitet war, und fingen an, unsere Gewohnheiten nach rationalen Kriterien zu verändern, und das manchmal auf sehr vereinfachte Weise.

Nun müssen wir wie aus einem Schlaf erwachen. Wir müssen erkennen, dass die Wahrheit an unsere Tür klopfte und wir ihr nicht geöffnet haben. Wir müssen zugeben, dass wir sie anhörten, aber nicht zu ihrem reinigenden Wasser gingen und ihr keine Gaben darbrachten. Doch lassen wir unsere Schuld nicht noch größer werden! Seien wir nicht so überheblich, diese Sünde nicht anzuerkennen! Schämen wir uns, dass wir – aus Angst oder aus Trägheit – die Wahrheit vor der Tür stehen ließen, dann werden wir keinen großen Schaden davontragen. Es gibt keine größere Schuld, als der Verführung zu erliegen und festzustellen: „Was falsch ist, ist wahr." Damit zerstören wir die Wahrheit und retten die Lüge.

In einer solchen Haltung zeigt sich eine Schwäche der Persönlichkeit. Wir sind zu unreif, um das Leben zu meistern. Daher betrügen wir uns selbst und die anderen. Wir wollen nicht zugeben, dass viele religiöse Übungen und Formen zwar von Tausenden Frauen und Männern unseres Landes befolgt werden, dass wir aber durch sie klein und eitel werden, abgetrennt und verachtet von der ganzen Welt. Wir sind so hochmütig, dass wir uns nicht ändern, sondern uns mit spitzfindigen Erklärungen Sand in die Augen streuen. Erst wenn wir wieder zur Einsicht des Geistes finden und unser Leben ändern, können wir alles Trügerische von uns weisen. Wir müssen aufhören, mit kunstvollen, aber herzlosen Erklärungen die Menschen in ihrem Unglück und ihrer Traurigkeit zu lassen.

Mehr wissen heißt nicht, ein erfüllteres Leben haben. Wenn unsere Menschlichkeit nicht neu erwacht und ihre Lebenskraft sich nicht neu entfaltet, werden wir unser Leben nicht auf den Weg des Guten führen können.

In der Zeit unserer Krise waren uns Menschen eine große Hilfe, die ohne eigennütziges Interesse weder sich selbst noch andere verführen wollten. Entschieden haben sie die Lüge offengelegt; auch wenn sie gedemütigt wurden, haben sie mit ihrem Leben die Wahrheit bezeugt. Wenn man ihrem Denken und ihrem Beispiel folgt, wird unser Geist frei von unguten Bindungen, wie sie durch Unehrlichkeit entstehen oder durch inhaltsleere Diskussionen über eitle und nutzlose Dinge.

Wenn wir an die Persönlichkeit Jesu denken, fällt uns auf, dass die großen Seelen mit großer Einfachheit die Wahrheit als Grundelement des ganzen Lebens erkennen.

Sie haben keine neuen Wege verkündet, keine unnützen Gesetze, keine seltsamen Meinungen; sie sind gekommen, um mit der Echtheit der Worte zu reden; sie nennen den Vater Vater, den Bruder Bruder.

Sie sagen mit großer Kraft das einfache Wort, dass es unnütz ist, außerhalb von sich zu suchen, was im Herzen des Menschen ist.

Sie raten uns, wachsam zu sein, nach vorn zu schauen, uns zu bemühen, immer klarer zu sehen.

Sie laden uns ein, vom Thron der Wahrheit alle blinden Gewohnheiten zu entfernen.

Sie verkünden keine eigenartigen Ideen: Mit ihren leuchtenden Augen bringen sie das ewige Licht in unser Leben. Bei dessen Aufgang erwachen wir voll Scham, denn wir erkennen, dass wir Gefangene falscher Ideen sind, verstrickt in einen zerbrechlichen Materialismus.

Und wir erkennen, wer wir wirklich sind. Jeden Tag vergessen wir aufs Neue, wie groß der Mensch ist. Unzählige Hindernisse wurden von uns und unserer Gesellschaft aufgerichtet. Diese haben uns klein werden lassen, so klein, dass wir uns nicht mehr richtig verstehen.

Diejenigen, die ihren Gott groß gemacht haben, die ihn auf rechte Weise angebetet haben, die die Sklaverei der menschlichen Gebräuche bloßgelegt haben, die mit großer Würde erklärt haben, sie seien Kinder der Ewigkeit: *diese* haben vor den Menschen den Menschen groß gemacht. Das heißt, sie haben ihn wirklich frei gemacht. Die Freiheit ist nicht das Paradies, sie ist nicht Befriedigung. Freiheit ist Weggehen von sich, Erahnen des Allmächtigen.

Schauen wir auf den, der gekommen ist auf dem Weg der Ewigkeit. Er hat uns eingeladen zu dieser Freiheit, und er ist unter uns geblieben. Verachten wir ihn nicht, schließen wir ihn nicht aus! Seien wir nicht töricht, indem wir sagen: Du bist nicht von uns! Entehren wir nicht unsere Religion, indem wir sagen: Du ge-

hörst nicht zu unserer Religion! Machen wir
uns frei von den falschen Bindungen des Hoch-
muts und grüßen wir ihn mit gläubigem und
demütigem Herzen: Du bist unser Alles, denn
durch dich haben wir uns selbst gefunden.

Für uns ist es eine glückliche Zeit, wenn
an irgendeinem Ort auf der Erde ein großer
Mensch geboren wird. Doch wir dürfen nicht
von vornherein das als falsch abtun, was im
Gegensatz zu dem zu stehen scheint, was wir
für richtig halten. Wenn dem Menschen etwas
fehlt, sucht er inständig nach einem Heilmittel.
Ein Mangel fördert die Suche danach, wie die
Not behoben werden kann. Wenn der Wind
ganz still wird, wissen wir, dass ein Unwetter
droht. Wir sehen in der Geschichte des Menschen, dass oft nichts so hilfreich ist wie eine
Schwierigkeit. Wenn wir auf die Zeit schauen,
in der Jesus geboren wurde, haben wir den Be-
weis für diese Wahrheit.

In unseren Tagen können wir feststellen, wie
groß der Einfluss ist, den Reichtum und Ehr-
sucht auf uns ausüben. Niemand will den an-

deren größer erachten als sich selbst. Doch wer dem Reichtum nachjagt, verbringt sein Leben als Bettler, als Knecht, als Dieb. Er hat keinen Moment Ruhe.

Jesus kam während der Blütezeit des Römischen Reiches zur Welt, als die Macht der Römer grenzenlos schien und von aller Welt bestaunt wurde. Gerade damals, in einem versteckten Winkel dieses Reiches kam dieses Kind zur Welt, geboren aus dem Schoß einer armen jüdischen Frau.

Ähnlich wie in der Welt die Überlegenheit des Römischen Reiches, so glänzten in der jüdischen Gesellschaft die Schrift und die religiösen Gebräuche. Die Juden glaubten, dass Jahwe sie besonders liebte, weil er sie vor allen Völkern bevorzugt hatte. Sie fühlten sich an ihn gebunden durch besondere Wahrheiten, durch schriftlich niedergelegte Gesetze. Diese Vorschriften zu beachten bedeutete für sie, die Gebote Gottes zu erfüllen. Wenn aber das religiöse Denken des Menschen immer und ausschließlich in den unveränderlichen Grenzen des Gesetzes bleibt, wird es eng und grausam. Doch im Leben der Juden, das von vielen Gesetzen geprägt war, ereignete sich etwas, das neues Leben hervorbrachte.

Schon früher waren durch die „steinernen Mauern" hindurch Propheten zu ihnen gelangt. Mit festem Glauben sprachen diese mutige Worte. Mit dem Klang toter Seiten einer alten Schrift brachten sie eine unsterbliche Botschaft. Jesaja, Jeremia und die anderen jüdischen Propheten haben in Zeiten großer Not ein Licht entzündet. Mit flammenden Worten haben sie die Schuld gegeißelt, die ihre Mitbürger in einem in sich verschlossenen Leben angehäuft hatten. Diese waren so festgefahren in ihren Gewohnheiten, in ihren strengen Regeln und ihrer von Priestern geprägten Religion, dass sie die Propheten verfolgten.

In den letzten Jahren vor der Geburt Jesu war unter den Juden kein Prophet mehr aufgetreten. Eingeschüchtert durch viele Widrigkeiten suchte man Sicherheit und Schutz in der Vergangenheit. Man verschloss vor jeder Neuheit Fenster und Türen, richtete um die eigene

Gemeinschaft Mauern auf und lehnte jede neue Lehre ab, selbst wenn sie sich auf die Wurzeln der Religion gründete und daraus neue Freiheit entfaltete.

Doch der Same des Geistes, der sich im Menschen findet, kann nicht ausgelöscht werden, sosehr er auch niedergedrückt wird. Wenn man bedrückt ist und um sich herum keine Hoffnung mehr sieht, spürt man in sich selbst ein neues Vertrauen wachsen: undeutlich vielleicht, aber doch vorwärtsdrängend.

In jener Zeit machten sich die Juden gegenseitig Mut, indem sie sich sagten, es sei die Zeit gekommen, in der das Reich wiederhergestellt würde. Sie dachten, dass Gott ihrem Volk das Reich der Himmel zum Besitz machen würde. Das von Gott auserwählte Volk fühlte eine neue, goldene Ära kommen. Es war überzeugt, dass man sich vorbereiten sollte auf eine Zeit des Heils. Als dann Johannes der Täufer in der Wüste das Volk zur Buße, zur Umkehr von den Sünden aufrief, es einlud zur Taufe im Jordan, versammelten sich viele Leute um ihn.

Die Juden beteten zu Gott, er möge ihre Demütigung in dieser Welt beenden. In ihrem Herzen erblühte neu die Hoffnung auf ein Reich,
auf eine Vorrangstellung vor allen Völkern.

Zu jener Zeit verkündete Jesus, dass das Reich
Gottes nahe sei. Doch wer würde dieses Reich
errichten, wenn nicht ein König mit allen Insi-
gnien? Wer könnte sonst religiöse Normen
festlegen? Hatte sich Jesus in der Wüste nicht
auch gefragt, ob er selbst dieser König sei?
Könnte es nicht sein, dass er einen Augenblick
lang daran dachte, eine religiöse Herrschaft zu
errichten, seine Macht zum Wohl des Volkes
auszunutzen? Es steht geschrieben, dass der
Teufel ihn in Versuchung führte, indem er ihm
ein Reich vor Augen stellte. Es gibt keinen
Grund, diesen Text in den Bereich der Fantasie
zu verweisen. Die römischen Siegesfahnen
wehten im Wind der kaiserlichen Macht, und
das jüdische Volk träumte von der Freude der
Freiheit. Daher darf man sich nicht wundern,
wenn in einer solchen Situation die Botschaft
Jesu das Herz der Menschen sehr tief anrührte.

Das Außergewöhnliche an Jesus besteht jedoch darin, dass er alle Illusionen zunichte machte, dass er ganz klar die Wahrheit des Reiches Gottes erkannte. Er wusste, dass diese nicht im Reichtum besteht, nicht in äußerer Ehre, nicht in der Größe eines mächtigen Reiches, sondern in der Armut, in der Freiheit von allen nichtigen Elementen. Vor allen Menschen der Erde erklärte er klar und deutlich, dass dieses Reich den Kleinen gehört. Die Lehren der Upanishaden [des letzten Teils der Heiligen Schriften] haben über den Geist des Menschen ein ähnliches, wunderbares Wort:

> „Die Sanftmütigen haben das Recht,
> alle Dinge zu besitzen."

Jesus überwand die Grenzen der sichtbaren Welt, des blendenden Anscheins. Im Gegensatz zur allgemeinen Auffassung sah er das Reich Gottes im inneren Leben, nicht auf äußerlichen Elementen gegründet. In diesem Reich werden die Verachteten geehrt, sind die Armen die wirklich Reichen. Wer sich in diesem Reich erniedrigt, wird erhöht werden, und wer sich auf den letzten Platz setzt, wird auf den ersten gerufen.

Jesus hat diese Lehre nicht nur mit Worten verkündet. Der Name des großen Richters des Römischen Reiches, der ihn umbringen ließ, findet sich nur noch am Rand einer Seite im Buch der Geschichte. Derjenige jedoch, der gekreuzigt wurde und starb wie ein verachteter Räuber, der nur einige unbekannte, verängstigte Jünger um sich gesammelt hatte, als er durch ein ungerechtes Urteil hingerichtet wurde, jener hat eine unsterbliche Ehre.

Er lebt im Herzen der ganzen Erde. Und noch heute sagt er: „Selig die Armen, denn ihnen gehört das Reich der Himmel. Selig die Sanftmütigen, denn sie werden das Land besitzen."

Indem Jesus zeigte, dass das Reich der Himmel im Menschen ist, hat er die Größe des Menschen sichtbar gemacht. Hätte er das Reich auf äußere Elemente gegründet, hätte er den Menschen klein gemacht. Jesus ist gekommen, um uns zu offenbaren, dass die Größe des Menschen nicht von den Schätzen des Römischen Reiches abhängt, nicht von einem äußeren Verhalten, sondern allein von Gott.

Vor der menschlichen Gesellschaft hat Jesus Gott seinen Vater genannt. Sohn und Vater gehören zur gleichen Familie; sie sind nicht durch äußeren Druck oder durch Abmachungen miteinander verbunden. Gott ist Vater: Allein deswegen hat der Mensch eine hohe Würde. Weil Jesus nicht König einer Weltmacht, sondern Sohn Gottes ist, ist der Mensch größer als alle Lebewesen. Deshalb antwortet Jesus auf die teuflische Frage, ob er ein irdischer König sei, mit Nein. Er hat vielmehr gesagt: „Ich bin der Menschensohn." Mit diesen Worten hat er alle Menschen geehrt.

Den Reichtum hat Jesus verurteilt als das größte Hindernis auf dem Weg des Heils. Der Reiche, der auf seinen Besitz baut und ständig bestrebt ist, ihn zu mehren, verwechselt Reichtum und Menschlichkeit. Die Kraft seines Geistes nimmt ab. Nur wer die geistliche Kraft erkennen kann, sieht auch die Kraft Gottes und findet darin die wahre Hoffnung auf das Heil.

Wenn der Mensch sich richtig erkennt, erkennt er Gott in sich. Wenn er dagegen in sich nur den Reichtum sieht, macht er sich klein und verleugnet Gott auf seinem Lebensweg.

Der Menschensohn hat den Menschen in seiner Größe gesehen, nicht als Mittel zum Zweck. Wie die äußeren Reichtümer einen Menschen nicht groß sein lassen, so machen äußerliche Taten ihn nicht zum Heiligen. Was von außen in den Menschen kommt, wie zum Beispiel die Speisen, kann den Menschen nicht in seinem Wesen gefährden, aber es kann ihn klein werden lassen. Und wenn der Mensch klein wird, werden auch sein Planen und sein Tun klein. Seine Kräfte nehmen ab und schließlich misslingt alles. Deshalb wollte der Menschensohn nicht, dass religiöse Übungen und Buchstaben über dem Menschen stehen. Er sagte:

„Gott ehrt man nicht mit Opfern,
sondern mit innerer Hingabe."

Er hat die Unberührbaren berührt, mit Ausge-
stoßenen gegessen; er hat die Sünder nicht im
Stich gelassen, sondern sie auf den Weg des
Heils gerufen.

Doch nicht nur das. Er hat in den Menschen
Gottes Gegenwart wahrgenommen. Zu seinen
Jüngern sagte er:

„Wer dem Armen zu essen gibt,
gibt mir zu essen;
wer den Nackten bekleidet,
bekleidet auch mich."

Gott anbeten ist nicht der einzige Weg der
Gottesverehrung. Wenn wir ihm schmeicheln
mit Blumen, mit Gaben, mit Kleidern, betrügen wir uns selbst. Aus dem Gottesdienst einen
äußerlichen Vollzug machen heißt das Menschsein verachten, auch wenn es uns Genugtuung
bereitet. Die Menschen, die die Worte Jesu auf-

genommen haben, können nicht die ganze Zeit beten: Der Dienst am Menschen ist ihr Gebet. Das ist eine hohe Forderung. Viele haben die Ruhe eines bequemen Lebens aufgegeben, auf persönliche Bindungen verzichtet, ihr Leben in fernen Ländern verbracht, unter Armen und Aussätzigen. Wer sie zu diesem Dienst gerufen hat, war der Menschensohn. Durch ihn wurde sichtbar, wie gut Gott zum Menschen ist.

Die Jünger nannten Jesus den „Mann der Schmerzen", denn er hat großes Leid auf sich genommen. Auch dadurch hat er den Menschen groß gemacht; er hat gezeigt, dass der Mensch über dem Schmerz steht. Gibt es etwas Größeres im Leben Jesu als seine Erniedrigung? Er verkündete die Liebe Gottes durch seine Liebe zu den Menschen, indem er die Last des Schmerzes aller Menschen auf sich nahm. Die Religion der Liebe besteht gerade darin, dass man fähig ist, das Leid anderer freiwillig auf sich zu nehmen. Die Tränen einer selbstsüchtigen Liebe, die wir in einem Winkel unseres Hauses vergießen, benetzen nur uns selbst. Das wahre Leben, das in der Liebe ist, findet seine Schönheit durch das demütige Annehmen des Schmerzes. Die Liebe braucht keine stolze Selbstbeweihräucherung, denn aus der Liebe entspringt eine Quelle der Unsterblichkeit.

* * *

Offenbarung Gottes mitten unter den Menschen! Die Lehre Jesu ist keine Wahrheit, die in einem Vers der Heiligen Schrift eingeschlossen ist, sondern sie zeigte sich als die Wahrheit seines Lebens. Bis heute ist sie lebendig geblieben wie ein *banian* [ein immergrüner Feigenbaum], der immer neue Zweige hervorbringt.

Tag für Tag wird diese Wahrheit verkannt, Tag für Tag wird sie verachtet von Menschen, die nach Macht gieren. Sie wird verlacht von Stolzen und Hochmütigen. Die Starken lehnen sie ab als Feigheit. Die Grausamen sehen in ihr nur einen Ausdruck der Schwäche. Und doch: Diese demütige, schweigsame Lehre wohnt in der Tiefe des menschlichen Geistes. Sie hat als Stütze den Schmerz, als Begleiter den Dienst. Sie öffnet sich dem, der die Last des Nächsten auf sich nimmt, der dem aufhilft, der gefallen ist, der zu geben weiß, ohne etwas dafür zu erwarten.

Der Menschensohn hat die Welt und alle Menschen groß gemacht. Er hat ihre Demütigung aufgehoben und ihre Rechte gestärkt. Er hat der menschlichen Gesellschaft die Schmach genommen, indem er die Frohe Botschaft verkündete, dass alle Menschen im Haus des Vaters eine Bleibe haben.

*Santiniketan, 25.12.1910*

# Nektar der Freude

## Die Religion Jesu

Jede Sekte ist davon überzeugt, dass die Wahrheit verraten wurde und bei ihr Zuflucht gefunden hat. Mit Stolz sprechen die Sektenmitglieder darüber – und übersehen dabei die Größe der Wahrheit. Es wächst die Oberflächlichkeit. Je stolzer ein Reicher auf seinen Besitz schaut, je mehr er sich dessen rühmt, desto mehr verarmt seine Würde.

Jeder darf sich an seinen Gütern erfreuen, denn was einer besitzt, liegt ihm am Herzen. Aber wenn eine Sekte voller Stolz die Wahrheit hüten will, dann fällt es anderen schwer, diese anzunehmen. Wenn sich ein Christ voller Stolz seiner Religion rühmt, dann bringt er etwas zum Ausdruck, was nicht Religion ist, sondern von ihm selbst kommt. Wenn er sich als edler

Spender darstellt, empfinden wir uns als Bettler und schämen uns, aus seiner Hand die Wahrheit anzunehmen. Stolz weckt neuen Stolz. Man soll den Stolz nicht tadeln, der sich weigert, die Gabe des Stolzes anzunehmen.

Deshalb müssen wir uns darum bemühen, Christus aus den sektiererischen Händen der Christen zu befreien, Vishnu aus den sektiererischen Händen der Vishnuiten, Brahman aus den sektiererischen Händen der Brahmanen.

In unserem Ashram lehnen wir nicht die Wahrheit ab, auch wenn wir uns Sektierern widersetzen. Wir versuchen, die zentrale Botschaft des Christentums aufzunehmen. Diese ist für uns nicht eine Sache des Christentums, sondern eine Sache des Menschen.

In den Veda lesen wir als Name Gottes „Abbi", das bedeutet, dass sein Wesen Offenbarung ist. Gott hat sich in Christus offenbart; das ist seine Religion. Die Weisen Indiens haben im Wasser, in der Erde, im All eine seiner Quellen der Freude erkannt.

In einem geschlossenen Raum, in dem viele Menschen schlafen und die ganze Nacht hindurch eine Petroleumlampe brennt, wird die Luft durchtränkt von schlechten Gerüchen. Wenn man Türen und Fenster öffnet und frische Luft hereinlässt, verschwinden sie. Wenn du deinen verschlossenen Geist hineingibst in den Höchsten Geist, in den Himmel, dann verschwinden die Sünden, die wir vielerorts begangen haben ...

Wie ein Inder überall die Spuren Gottes erkennt und versucht, ihm überall zu begegnen, so will die christliche Religion ihren Geist, ihre Liebe überall hintragen, wo Gott sich im Menschen offenbart.

Es fällt uns leicht, in der Natur Gottes Gegenwart zu erkennen, sie aber im Menschen zu finden, ist viel schwieriger; denn im Menschen offenbart sich der Wille Gottes in Menschengestalt. Solange nicht die Liebe aufbricht, widersetzt sich der Wille dem Höchsten Willen. Ist der Mensch arm, leidet er; unglücklich ist er, wenn er hasst. Auch das Tier leidet, aber nur der Mensch ist unglücklich. Der Schmerz, der aus dem Armsein kommt, trifft den Menschen in seinem Geschöpf-Sein, doch weit tiefere Wunden fügt ihm das Unglücklich-Sein zu, es verletzt sein Menschsein.

Das Geschöpf-Sein des Menschen sagt: Wenn ich etwas verdiene, wird das Leid vergehen, denn ich werde nicht mehr arm sein. Doch der innere Teil des Menschen sagt: Wenn ich auf etwas verzichte, schenke ich meinen kleinen Willen dem Höchsten Willen; wenn ich meine Wünsche aufgebe, werden sie leuchten in der Liebe. Der Höchste Wille offenbart sich mir ganz in der Liebe.

Die größte Qual des Menschen besteht darin, dass seine Kleinheit beständig seine Größe angreift. Das ist seine Sünde. Weil er unrein ist, kann sich die ganze Größe seines Wesens nicht offenbaren. Es fällt leicht, den Schmerz darüber zu ertragen, dass Nahrung und Kleidung fehlen. Aber der wirklich große Schmerz im Herzen des Menschen kommt aus seiner Unfähigkeit, ganz er selbst zu sein. Das kann der Mensch kaum ertragen.

Warum gibt es so viele Kriege in der Geschichte der Menschen? Aus welchem Grund kommt der Mensch dazu, Werke zu zerstören, die Jahrhunderte alt sind, um andere aufzubauen? Rührt seine Angst nicht daher, dass seine Kleinheit seiner Größe im Weg steht?

Da der Mensch darunter wirklich leidet, gibt es sicher ein Heilmittel dafür. Aber nicht in Reinigungsbädern oder äußerlichen Zeremonien. Die großen Gestalten der Menschheit haben uns durch ihr Leben gezeigt, wie sich der Schöpfer ungehindert im Menschen offenbaren kann. Und diese Großen haben uns auch gelehrt, dass der Mensch größer als er selber ist. Daher kann er den Schmerz, die Beleidigungen, den Tod überwinden. Da wir es selbst immer wieder schmerzlich erfahren haben, können wir glauben, dass in der Niedrigkeit des Menschen auch seine Größe liegt.

Wer ist groß? Wer ist Gott? Wer den Schmerz darüber ertragen kann, dass Größe und Kleinheit in ihm ständig aufeinanderprallen. Wer verzeiht, kann die Schläge des Hasses ertragen. Wer Reichtümer geraubt hat, wird geizig. Wer den Verlust annimmt, kann geduldig darauf warten, dass die geraubten Dinge zurückkehren. Wer mit einem weiten Herzen liebt, weint über die Sünde.

Das können wir mit Händen greifen. An unseren Kindern erleben wir ständig, wie schrecklich die Sünden sind, die aus schlechten Neigungen kommen. Doch der Schmerz, der durch das Unglück anderer hervorgerufen wird, ist weit größer. Wer unter einem solchen Schmerz leidet, ist groß, ist Liebe.

Das Christentum sagt uns, dass Gott besonders in den Menschen ist, die leiden. Diese Wahrheit auf ein bestimmtes geschichtliches Ereignis zu begrenzen, sie einzuengen in Raum und Zeit, in einen Menschen, kommt dem Versuch gleich, sie fern von sich zu halten, sie in Ketten gefangen zu nehmen und sterben zu lassen.

Wie wahr ist das Wort: „Wer in mir wohnt, ist groß und mächtig, und dennoch habe ich ihm Schmerz zugefügt." Doch er hört nicht auf, mir immer wieder zu sagen: Alle Sünden der Welt treffen mich, aber sie können mich nicht töten. Hat vielleicht der größte Dieb alle Reichtümer rauben können? Ist vielleicht der größte Schatz des Menschen verloren gegangen? Es gibt Verräter, aber der Glaube ist nicht kleiner geworden in der Welt. Es gibt Menschen, die Rache üben, aber das Verzeihen wurde nicht ausgelöscht.

Er, der groß ist, wurde unsterblich durch sein Leiden. Doch dieses Leid ist nicht seine einzige Wirklichkeit. Wie hätte er sonst bestehen können? Er, der Große, konnte das Leid ertragen, weil in ihm auch der immerwährende Nektar der Freude war.

Kann der Kleine ein kleines Leid ertragen? Kann er auf etwas Winziges verzichten? Damit er das kann, braucht er Liebe und Freude. Doch ständig häufen wir Sünden auf uns. Aber er, der groß ist, wäscht sie beständig hinweg mit seinem Blut, mit seinem Leid, mit seinen Tränen. Tag für Tag, in jedem Haus.

Er, der groß ist, sagt: Trefft mich, schlagt mich! Außer mir kann das keiner ertragen. Und wir antworten unter Tränen: Wir schlagen dich nicht mehr; du bist wichtiger als wir. Wir haben deine Offenbarung getrübt, wir wollen alles reinwaschen mit unseren Tränen. Wir wollen heute an deiner Stelle sein und deinen Schmerz ertragen. Nimm uns an; nimm alles, was uns gehört. Du hast geliebt, auch wir wollen lieben. So wird es keine Trennung mehr geben.

Wir können es nicht ertragen, wenn er uns züchtigt. Doch gerade so stirbt die Wurzel des Bösen, nicht durch die Höllenstrafen.

Er, der groß ist, ist Liebe. Und seine Liebe offenbart sich im Kleinen. Er erfüllt mein Leben, indem er mir das Licht des Himmels gibt, indem er mir die Schönheit der Erde gibt, indem er mir eine Beziehung der Liebe schenkt. Wer seine Größe erkennt, wird beflügelt, der Künstler schafft sein Meisterwerk, der Handwerker arbeitet mit größerem Fleiß. Alle Werke des Menschen offenbaren diese Bewunderung für ihn: Ich kenne niemand, der schöner ist als du. Unser Streben, unser Sehnen ... – alles ist finster. Doch du bist schön, du bist heilig. Und du bist mein!

Er hat alle Ungerechtigkeiten der Menschen auf sich genommen. In der Sünde des Menschen, in jedem Zwiespalt unter Menschen hallt sein Leid wider. Seine Offenbarung begrenzt sich nicht auf einen Winkel der Geschichte. Der Gott der Menschen ist im Menschen. Sich ihm widersetzen ist Sünde; sich mit ihm vereinen löscht die Sünde des Menschen aus. Dieser große Mensch, der nicht aufhört, sein Leben zu geben, gibt das Leben auch dem kleinsten Menschen.

Diese Wahrheit des Christentums erscheint uns wie ein Märchen ...

*Santiniketan, 25.12.1914*

# Aufbrechende
Lotusblüte

## Das Fest Jesu

Die Schöpfung ist die Offenbarung des Eins im Zwei. Wo das *Eine* in den mannigfaltigen Gegensätzen herrscht, dort ist Einheit; auch wenn es schwierig ist, sie klar zu erkennen. Unsere Schriftsteller sagen, dass der Schöpfer die Dualität nicht außerhalb des *Eins* offenbaren wollte …

Darin besteht das Spiel der Schöpfung: die Tiefe zu vereinen mit der Höhe, unsere Arbeit mit dem Tun des Schöpfers. Dieses Spiel wird immer neu gespielt im Universum. Alles findet darin seine Erfüllung.

Wer im Getrennten das Bild der Wahrheit erkennen konnte, brachte die Botschaft der Freude ins Leben. In der Vergangenheit haben uns große Menschen gesagt, dass der Weg der

Liebe nie zu einem Ende kommt. Auch wenn das Herz des Menschen verschlossen und untätig bleibt, dieser Weg führt immer weiter.

Das Licht, das auf die noch nicht geöffnete Lotusblüte des Geistes fällt, bemüht sich unablässig darum, sie zum Aufblühen zu bringen. Auch wenn der Mensch es nicht merkt, ist das ganze Universum erfüllt vom liebevollen Warten darauf, dass die verschlossene Knospe aufblüht.

Ein großer Mensch, der sein Leben hingegeben hat, sagte, dass der Schöpfer der unzähligen Sterne über den Wolken des Himmels, dass der Herr des ganzen großen Universums mein Vater ist. Ich muss keine Angst vor ihm haben. Grenzenlos ist die Macht dessen, der unter dem riesigen Himmel die Erde in Bewegung hält. Sie ist so wunderbar, dass wir vor ihm klein und unbedeutend sind.

Dennoch müssen wir keine Angst haben. Der all das ordnet und lenkt ist ein naher Verwandter: mein Vater. Im Innersten des Universums erfüllt diese Vaterschaft jede Leere, lässt aus Todesqualen Freudenströme entspringen.

Das sollen wir heute erkennen; diese wundersame Beziehung sollen wir heute in uns spüren. Unser höchster Vater hat gesagt: *Habt keine Angst, mein Gesetz ist in der Sonne und in den Sternen, es ist unfehlbar und kann nicht verletzt werden. Du gehörst mir, und ich will dich.* – Wir müssen mit einer großen Anerkennung auf die schauen, die uns im Lauf der Jahrhunderte diese Botschaft gebracht haben; denn sie kann uns große Kraft geben.

Ein Mensch, der Menschensohn, hat eines Tages gesagt, dass wir alle Kinder des Vaters des Universums sind und dass unser Durst nach Liebe ihn berührt hat. Unser Leid und unser Hoffen hat einen Sinn, denn er, der unser Freund wurde, hat eine Antwort gegeben. Der Mensch hat ihn erkannt als mütterlichen Freudenboten, als den Geist des Menschen, der Gutes wirkt, als Vater.

Wenn der Mensch glaubt, das All werde nur von mechanischen, äußerlichen Gesetzen bestimmt, macht er sich selbst zu einem kleinen Werkzeug, zu einem schwachen Wesen. Wenn er jedoch durch die Kraft der Liebe das Universum als Offenbarung Gottes anerkennt, versteht der Mensch, wer er wirklich ist.

Eines Tages kam die Große Seele Jesus in das Haus der Menschen, um diese Wahrheit zu verkünden. Ohne Waffen und Munition kam er; er kam nicht im Gewand des Soldaten. Man erkannte ihn nicht an der Kraft seiner Arme. Er ging umher in armen Gewändern und brachte den Segen des Vaters. Für seine Frohe Botschaft wurde er nicht belohnt, sondern verachtet und verwundet.

Wie ein Armer ging er von Tür zu Tür, warnte davor, im Reichtum Zuflucht zu suchen, denn die wahre Zuflucht ist derjenige, dessen Gegenwart das Universum, Raum und Zeit erfüllt. Er ist die größte Freude, die letzte Zuflucht. Wer nicht versteht, dass man diese Wahrheit nur durch Verzicht erkennen kann, gerät in Angst, verliert sogar sein Leben. Als Gefangener der Angst und des Geizes kann man nur Verachtung zeigen für ihn.

Dieser große Mensch, der sich der Welt offenbarte, der im Tod sein Leben gab, brachte den Menschen diese Botschaft. Im Gewand des Armen ging er umher, um dem menschlichen Geist den Weg zum Himmel zu öffnen. Die einfachen Leute, die ihm folgten, konnten den Sinn seiner Botschaft nicht ganz verstehen. Dennoch waren sie von etwas Besonderem berührt und neigten aus Verehrung ihr Haupt. Man kannte sie nicht, man wusste nicht, wo sie wohnten; sie waren einfache Fischer. Als sie die Einladung seiner Worte hörten, wurde ihr Herz von einer geheimnisvollen Freude erfüllt. Und er nahm sie auf, obwohl sie nichts besaßen. Die Hochmütigen aber lehnten seine Botschaft ab. Doch auch seine Gefährten haben sich die Worte der Großen Seele nicht zu eigen gemacht. Im Lauf der Geschichte haben sie ihn verhöhnt, haben die Erde mit Blut getränkt ...

Wir können Jesus Ehre erweisen, wenn wir ihn nicht mit den Kategorien der Ungläubigen messen, sondern wenn wir uns gläubig an ihn wenden. Der Geist Christi schaut heute auf uns. Er war nicht unter uns, damit sein Wort in den großen Kirchen verkündet werde, sondern um mit seiner ganzen Hoffnung dem nahe zu sein, in dessen Herzen die Liebe nicht erloschen ist. Damals, zu seiner Zeit, vereinte er seine Stimme mit der Stimme all derer, die arm und ausgestoßen waren, und sagte zum Vater des Weltalls: Vater, du bist da. Du bist unser Vater!

Wer das Leben losgelöst sieht vom Tod, erkennt nicht die Verbindung zwischen beidem. Das ist ein großer Irrtum. Wie wenn man von seinem Körper nur die Vorderseite beachten würde, weil dort das Gesicht ist und der Rücken keine Augen hat. Leben und Tod sind nicht wirklich, sondern nur scheinbar getrennt. Wer das nicht versteht, sieht nur einen Teil des Lebens. Wir haben eine große Achtung vor denen, die diese Illusion nicht teilen und den Sinn der Unsterblichkeit erkannt haben. Sie erfahren die Unsterblichkeit durch den Tod, sie haben auf Erden den Himmel errichtet.

Eines Tages kam ein Besucher vom Reich der Unsterblichkeit und brachte Worte der Unsterblichkeit. Wenn wir diese Worte hören, sehen wir das unsterbliche Licht herabkommen auf die dunklen Schatten des Todes. Wenn nachts die Sonne untergeht, mag der Törichte glauben, das Licht sei erloschen, die Schöpfung zerstört. Doch wenn wir zum Himmel schauen, sehen wir auch nach dem Untergang der Sonne Gestirne glänzen: Ein großer König hat sich zurückgezogen, und ein neues Lied des Lichtes wird angestimmt.

Auch wir sind eingeladen, in dieses Lied einzustimmen. Wir hören seine Melodie in den Armen des großen Lichtes.

Vergessen wir nie, dass Leben und Tod untrennbar sind. Der große Mensch hat uns mit seinem Leben die ewigen Wohnungen gezeigt, mit seinem Tod ist er zum Himmel aufgestiegen. Erfüllt mit neuem Leben stirbt er nicht mehr. In seinem Tod erkennen wir klar und deutlich die größte Wahrheit.

*Santiniketan, 25.12.1923*

# Das Göttliche
# im Menschlichen

Wir können nicht leugnen, dass wir in unserem Leben durch die Fesseln vieler Gesetze gebunden sind. Unsere ganze Existenz ist bestimmt von den unveränderlichen Gesetzen des Universums. Es ist nötig, dies anzuerkennen, um wirklich frei sein zu können. In dem Maß, wie wir diese Gesetze beachten, empfangen wir Gesundheit, Güter, Reichtum.

Doch im Leben gibt es eine Wahrheit, die sich nicht in den Gesetzen findet. Denn die Gesetze legen uns Verpflichtungen auf, doch die Seele braucht Beziehungen. Eine Verpflichtung richtet sich nur auf eine Bezugsperson, während in der Beziehung beide Teile gleich eins sind.

Wenn wir behaupten, dass es in der Ordnung des Universums keinen Raum für unendliche Beziehungen unserer Seele gibt, sondern nur vereinzelte äußere kurzlebige Berührungspunkte, dann müssen wir schlussfolgern, dass die Religion keine ewige Antwort hat für die Welt.

In der Welt gibt es nicht nur das Gesetz der Existenz, sondern auch die Freude an der Existenz. Ist die Freude aber auf die Welt beschränkt? Ist sie nicht auch im Unendlichen verankert? Wo ist also die Wahrheit? Wir suchen die Wahrheit in der Einheit. Wenn wir in verschiedenen Vorgängen – im Stock, der aus der Hand gleitet, in der Frucht, die vom Baum fällt, im Fluss, der vom Berg fließt – ein einziges Gesetz erkennen, dann sagt der Verstand des Menschen: Ich habe die Wahrheit gesehen! Aber solange wir diese Vorgänge losgelöst voneinander betrachten, bleiben sie bedeutungslos. Die Wissenschaftler erkennen die Wahrheit, wenn in vielen Ereignissen die gleiche ursprüngliche Einheit festzustellen ist.

Das gilt für die Gesetze im Reich der Dinge. Gibt es aber nicht vielleicht auch im Reich der Seele einen Punkt, in dem sich alle Situationen vereinen, die Freude hervorbringen? Wir finden Freude in der Freundschaft, in den Kindern, in der Schönheit der Natur. Doch was ist der Punkt, den sie gemeinsam haben? Auf diese Frage antworten nicht die Wissenschaftler. Wohl aber die Heiligen. Sie sagen: „Ich habe ihn gesehen: Er ist das Wesen der Gnade, die unendliche Freude!"

In der Welt können wir überall den Gesetzgeber erkennen. Doch die Weisen, die die Wahrheit sehen, haben in allen Freunden auch den einen „Freund" gesehen, in allen Vätern den einen „Vater". Sie haben entdeckt, was in den Antworten der Wissenschaftler fehlt. Daher sagt der Geist: „Ich habe meine Welt gefunden; ich bin heil."

Zu denen, die eine Antwort auf die innersten Fragen unseres Geistes haben, gehört Jesus Christus. Er hat gesagt: Ich bin der Sohn. Der Vater erkennt sich im Sohn. Es gibt nicht nur gegenseitige Beziehungen zwischen Vater und

Sohn, sondern auch eine Offenbarung des Geistes von Vater und Sohn. Christus hat gesagt: „Er ist in mir." Wie Verliebte zueinander sagen können: „Nichts trennt uns voneinander", so auch diejenigen, deren innere Beziehungen wahr und tief sind. Die Große Seele sagt: „Der Vater und ich sind eins." Das kann wie eine Feststellung klingen, die nicht neu ist, die vielleicht auch andere gesagt haben, doch heute verehren wir den, dessen Worte im Leben fruchtbar geworden sind und vieles hervorgebracht haben.

Christus hat gesagt: In mir offenbart sich der Vater! Auch in Indien gab es ein Wort mit dieser Bedeutung. Doch solange dieses Wort nicht die Grenzen der Schrift überwindet und ins Leben eindringt, bleibt es ein steriler Begriff. Je mehr die Menschen es mit großen Worten verkünden, ohne es in die Tat umzusetzen, umso mehr entehren sie dieses Wort.

Das geschieht auch unter Christen immer wieder: Mit Worten sagen sie „Herr!", aber mit ihren Taten verleugnen sie ihn. Den Preis der wahren Worte muss man mit wahren Taten bezahlen.

Würden wir nur diesen Aspekt sehen, müssten wir sagen, dass die Geburt Christi vergeblich gewesen ist. Man müsste sagen, dass die Blüte aufgeblüht ist und ihre Schönheit gezeigt hat, aber keine Frucht brachte. Ich habe mit eigenen Augen schreckliche Gewalttaten unter Christen gesehen. Aber ich habe auch Taten der Liebe gesehen, Menschen, die für ihren Nächsten auf vieles verzichtet haben. Das sind große Errungenschaften für die christliche Gemeinschaft. Wenn wir von einem sektiererischen Geist erfasst sind und das nicht anerkennen wollen, verleugnen wir die Wahrheit. Die christliche Lehre betont immer wieder: Diene Gott unter den Menschen. Lege deine Gabe auf den Teller des Armen, auf den Körper der Nackten. Mit seiner Menschwerdung hat Christus gezeigt, dass der Mensch mit Gott vereint ist.

Ein Reicher, der nicht merkte, dass die Leute um ihn herum kein Wasser zu trinken hatten, kaufte für einen großen Betrag eine Perlenkette, um sie im Tempel einer Statue umzuhängen. Damit wollte er die Entwöhnung seines Sohnes feiern. [In Indien wird die Entwöhnung des sieben Monate alten Kindes, die Umstellung von der Muttermilch zum ersten Reis, mit religiösen Feiern begangen.] Er verstand nicht, dass es töricht ist, eine Lampe dort aufzustellen, wo die Sonne schon hell scheint, oder einen Schluck Wasser dorthin zu tragen, wo das Meer sehr tief ist. Gott will das Wasser dort, wo der Mensch Durst hat. Doch die Menschen, die diesen Anruf nicht verstehen, geben Perlen und Schmuckstücke für den Tempel.

Der Mensch, der versucht, den Vater mit Gaben zu gewinnen, entehrt ihn auf doppelte Weise, denn er lässt ihn leiden im Sohn. Ich habe eine Frau beobachtet, die dem Tempelpriester klingende Münzen brachte. Sie glaubte, damit die Eintrittskarte ins Paradies erworben zu haben. Sie schaute nicht auf den Menschen, in dem Gott, der arm wurde, ihre Goldmünzen erwartete.

Heute morgen erhielt ich einen Brief von einem Freund unseres Ashrams, Charles Freer Andrews [englischer Missionar (1871–1940), ein enger Freund Tagores und Gandhis]. Er schreibt, dass er eine Aufgabe erfüllen sollte, die ihm und seinen Verwandten unverständlich war und gegen die selbst seine Mitbürger aufgebracht waren. Als er an seinem Bestimmungsort ankam, gab es dort viele Inder, die an Pocken erkrankt waren. Er ging nicht gleich an seine Arbeit, sondern kümmerte sich zunächst um diese Kranken.

Wer gab ihm die Kraft, den armen, von der Epidemie geplagten Indern zu helfen? – Der Gedanke, dass der Dienst für den Vater des Universums darin besteht, den Menschenkindern zu dienen, ist seit langer Zeit so tief in den christlichen Ländern verwurzelt, dass diese Botschaft auch in den Menschen lebendig ist, die sich als Atheisten bezeichnen. Auch sie sind überzeugt, dass es richtig ist, für die anderen zu leiden.

Welche Pflanze hat diese Frucht hervorgebracht? Woher kommt diese Lebenskraft? Ich kann auf diese Frage nicht anders antworten als mit den Worten: aus dem Christentum.

Diese Religion hat im Abendland in vielfältigen sichtbaren und unsichtbaren Formen gewirkt. In keiner anderen Gegend der Welt habe ich so aufgeschlossene Menschen kennengelernt, die sich auch als Wissenschaftler für den Menschen einsetzen. In welchem anderen Teil der Erde gibt es Menschen, die immer neue Wege gehen, um alle Aspekte des menschlichen Lebens zu erforschen? Sie sind sogar in ferne Länder gegangen, selbst zu Kannibalen, und haben gefragt: „Du bist doch ein Mensch. Warum machst du das? Was denkst du dabei?"

Und wir? Wir interessieren uns oft nicht einmal für die Menschen in unserer Umgebung. Wir kennen sie oft nicht und ehren sie nicht. Vernebelt durch Unkenntnis und Gleichgültigkeit wissen wir nichts von den Lebensbedingungen der meisten unserer Nachbarn.

Wie kommt es dazu? Wenn wir heute in solcher Not leben, dann liegt es daran, dass wir dem Menschen nicht seinen richtigen Wert beimessen.

Christus hat nicht nur viele Menschen auf der Erde gerettet, er hat auch den Menschen von der Gleichgültigkeit gegenüber dem Menschen befreit. Diejenigen, die auf die eine oder andere Weise die Lehren Christi kennengelernt haben und sich davon lossagen, beleidigen leichtfertig den Menschen.

Der Mensch hat einen großen Wert: Im Dienst am Nächsten erfüllt sich der Dienst an Gott. Wer im Abendland diese Botschaft nicht annimmt, macht keine Fortschritte. Wer sie aber annimmt, bringt viele Früchte. Könnten doch auch wir uns den unendlichen Respekt zu eigen machen, den das Christentum dem Menschen entgegenbringt, indem wir den Menschen ehren, der diese Wahrheit verkündet hat!

*Santiniketan, 25.12.1926*

# Licht aus der ewigen Morgenröte

## Das wahre Weihnachtsfest

Die Geburt dessen, den wir als vollkommenen Menschen anerkennen, ist nicht nur ein geschichtliches Ereignis, sondern eine geistliche Wirklichkeit. Das Licht, das in der Morgenröte jenes Tages aufstrahlte, ist Licht aus der ewigen Morgenröte. Immer neu offenbart sich dieses Licht ohne Anfang. Die Astronomen wissen, dass das Licht der Sterne, das wir heute sehen, vor langer Zeit seinen Weg begonnen hat. So begann das Leben dessen, der die Wahrheit verkündete, nicht an dem Tag, an dem wir ihn gesehen haben: Der Ursprung der Wahrheit liegt in der Ewigkeit. Wir sehen sie in einem bestimmten Augenblick, aber wir wissen, dass sie nicht durch die Zeit begrenzt ist.

An einem bestimmten Tag einen großen Menschen mit einer besonderen religiösen Feier zu ehren, heißt auf billige Weise eine Schuld abtragen. Wenn wir 364 Tage im Jahr seiner nicht gedenken und ihn nur am 365. Tag ehren, schmeicheln wir nur uns selbst. Die Wahrheit anzunehmen heißt noch nicht, die eigenen Pflichten zu sehen. Da kann man sich leicht etwas vormachen. Wenn wir unserer Verantwortung ausweichen, indem wir nur Worte wiederholen, behindern wir den Weg der Wahrheit. Wenn wir sie nicht in unser Leben umsetzen, meinen wir, wir könnten uns retten, indem wir Gaben des Lobes darbringen. Wir halten in wiederkehrenden äußeren Formen die gefangen, die gekommen sind, uns von der Äußerlichkeit zu befreien.

Ich empfinde Scham beim Gedanken, nur an einem einzigen Tag einen feierlichen Ritus zu begehen. Es zeugt von einem sehr großen Mangel an Ernsthaftigkeit, nur mit Worten dem zu begegnen, mit dem wir uns in unserem Leben verbinden müssen.

Mache ich seine Geburt nur an einem besonderen Tag des Kalenders fest? Kann man vielleicht im Lauf der Zeit jenen inneren Tag eingrenzen, der nicht von der Zeit erfasst werden kann? Der Sohn des Vaters ist in unser Leben hineingeboren an dem Tag, an dem wir im Namen der Wahrheit einen Verzicht geleistet haben, an dem Tag, an dem wir mit ehrlicher Liebe einen Menschen unseren Bruder oder unsere Schwester genannt haben. Das ist Weihnachten, unabhängig davon, in welchem Augenblick es geschieht. Jesus kann jeden Moment in unserem Leben geboren werden, wie er auch Tag für Tag gekreuzigt wird.

An diesem besonderen Tag werden in allen Ländern, in allen Kirchen dem, der zu allen Menschen vom höchsten Vater gesprochen hat, Loblieder gesungen. Und außerhalb dieser Kirche ist die Erde vom Blut derer getränkt, die von Brüdern umgebracht werden. Diejenigen, die ihn heute im Tempel ehren, verleugnen ihn mit dem Donner der Kanonen, sie verhöhnen seine Worte, indem sie vom Himmel her den Tod bringen.

Es gibt einen grausamen Geiz: Mit Gewalt nimmt er den Armen die Nahrung. Diejenigen, die nicht den Mut haben, sich im Namen Christi der Ungerechtigkeit und der Gewalttätigkeit zu widersetzen, aber vor dem Altar stehen, preisen mit äußerlichen Formeln den Sieg des Barmherzigen, der von einer Lanze durchbohrt wurde.

Warum ist heute ein Tag des Festes? Wie kann ich wissen, ob Christus auf Erden geboren ist? Worüber kann ich mich freuen? Wie kann ich nur mit Worten die Geburt Jesu verkünden, wenn ich ihn mit meinen eigenen Händen schlage? In der Geschichte der Menschen wird er auch heute gekreuzigt, Augenblick für Augenblick.

Jesus hat den Menschen als Sohn des höchsten Vaters bezeichnet. Er hat dem Menschen aufgetragen, sich mit dem Bruder, der Schwester zu vereinen. Er hat die Wahrheit des Menschen auf dem Altar dargebracht. Er hat uns mit ewigen Worten zur Einheit aufgerufen. Doch von Jahrhundert zu Jahrhundert haben wir seine Einladung abgewiesen. Wir haben alles darangesetzt, uns seinem Wort zu widersetzen.

In den Heiligen Schriften der Veda heißt es, dass Gott Vater ist. Daher kennen wir das Gebet: „Möge uns bewusst werden, dass Er Vater ist." Er, der gekommen ist, um in uns dieses Vatersein bewusst werden zu lassen, der dafür gegeißelt und verhöhnt wurde, er ist an unsere Tür gekommen. Schließen wir sein Wort nicht in Hymnen und Lobliedern ein! Heute ist ein Tag der Reue, nicht der Freude. Die ganze Welt ist heute erfüllt von Scham über das Tun der Menschen. Neigen wir unser erhobenes Haupt in den Staub; Tränen mögen unsere Augen erfüllen.

Weihnachten ist ein Tag des Nachdenkens, ein Tag, an dem wir alle demütig werden sollen.

*Santiniketan, 25.12.1932*

# Ein Licht
# für den Menschen

Unsere Erde ist von einer Atmosphäre umgeben, aus der sie die Luft des Lebens einatmet. Dieser Atmosphäre haben wir es zu verdanken, dass unsere Erde voller Farben, Gerüche, Lieder ist: Die Früchte der Erde, die Ernte, sind Gaben der Atmosphäre. Einst, als die Erde in einem fast flüssigen Zustand war, war sie umgeben von einer Schicht giftiger Gase, welche die Sonnenstrahlen nicht durchdringen konnten. Die ungestüme Hitze aus ihrem Zentrum hüllte Wasser und Land ein. Nach und nach kühlte die Hitze ab, die Atmosphäre wurde klar, die Wolken lösten sich auf, und die Sonnenstrahlen fanden den Weg, um ihre Segenszeichen auf die Stirn der Erde zu legen. Als der Nebel sich auflöste, der die Atmosphäre umhüllt hatte, wurde die Erde frei und schön. Die Tiere, die auf ihr wohnten, waren voller Lebenskraft. Die Schöpfung des menschlichen Lebensraumes hat den gleichen Weg durchlaufen. Um die Welt des menschlichen Geistes von den Nebeln der Illusion zu befreien, um allen Lebewesen einen würdigen und schönen Lebensraum zu geben, musste der Mensch auf den dornigen Wegen des Leids gehen.

In diesem Bemühen hat der Mensch oft Fehler gemacht. Beim Versuch, die Nebel zu zerstreuen, hat er sie noch dichter werden lassen. Die Erde hat die Harmonie unter den Elementen der Schöpfung verloren, sie ist Opfer von Überschwemmungen, Erdbeben, Waldbränden und Luftverschmutzung. Auch heute erleben wir das Vorherrschen von Eigeninteressen, von Habsucht und Gewalt. Das trifft ganz besonders die Ärmsten. Im Anfang gab es wenige Hindernisse, die sich auf dem Weg des Lasters dem guten Willen entgegenstellten. Der Lebensraum des Menschen war von verunreinigten Wolken und von ungesunder Luft bedeckt. Ein großes Dunkel verhüllte das Licht. Als der

Mensch sich bemühte, diesen Lebensraum zu reinigen, schuf er ein System mit gesellschaftlichen und religiösen Regeln. Doch so lange dieses Bemühen innerhalb der gesetzlichen Regeln eingeschlossen bleibt, kann es keine Frucht bringen. Gesetze können nur zu einem kleinen Teil die Disziplinlosigkeit der Laster eindämmen. Die Wirkung bleibt rein äußerlich.

Der Mensch hält die Gesetze, weil er Angst hat. Diese Angst zeigt, wie klein er im inneren Leben ist. Wenn er nur von der Angst geleitet wird, ist er in der Gesellschaft und im Staat gedemütigt wie ein Tier. Selbst seine Menschenwürde verkümmert. Bis heute beherrscht die Last der Angst die Menschen.

Da sich die Atmosphäre des menschlichen Herzens nicht von der Unreinheit befreit hat, geschehen große Unglücke. Um diesen undurchsichtigen Schleier des menschlichen Geistes wegzunehmen, sind im Lauf der Jahrhunderte Große Seelen gekommen.

In einigen Teilen der Welt gibt es Gold- oder Silbergruben, Vorratskammern für Nahrungsmittel und Kleidung. Darin erkennen wir materielle Gaben. Doch all dieser Reichtum macht nicht die Größe der Welt aus. Ihr wahres Gut kommt aus der Höhe des Himmels, wo sich das Licht ausbreitet, wo das Leben atmet, wo die Freiheit sich entfaltet. Von dort erblüht die Schönheit.

Die Natur des Menschen ist von Materialismus geprägt; gerissene Geschäfte werden getätigt, Reichtümer werden erworben und angehäuft. Solange die Anziehungskraft dieser Güter stärker ist als die anderer Werte, wird es keinen Frieden geben. Die Gesellschaft wird wie von einem giftigen Gas umhüllt bleiben. Die Folgen können wir heute in der ganzen Welt sehen: Die Habsucht schadet dem ganzen Universum, sie entzündet in den Menschen das Feuer einer gewaltbereiten Intelligenz.

In diesen Tagen erinnern wir uns an die großen Menschen, die nicht gekommen sind, um Gold- oder Silbergruben zu suchen, die nicht zu Gewalt gegen die Schwachen aufgerufen haben, sondern die sich mit Seele und Leib dafür eingesetzt haben, die Freiheit zu bringen. Sie ist der größte Schatz des Menschen.

Es gab in der Vergangenheit viele große Menschen, deren Namen wir nicht kennen. Und es gibt sicher auch jetzt große Menschen, die die Erde und unser schönes, leuchtendes Leben rein halten. Wir wissen aus den Naturkundebüchern, dass die Pflanzen mit ihrem Sauerstoff die Gifte der Natur umwandeln. Auf ähnliche Weise werden die Gifte, die aus dem Verhalten des Menschen kommen, gereinigt durch die Präsenz heiliger Menschen. Bei dieser freudigen Gelegenheit verehren wir den, dessen Wort heilig ist, der selbst das Symbol derer ist, die in diesem Einsatz zur Regenerierung der Erde gelebt haben. Und mit ihm verehren wir alle anderen Heiligen, die durch die Gabe ihres Lebens das Gute in die Welt gebracht haben.

An diesem Tag, den wir als den Geburtstag Jesu kennen, ehren wir ihn und alle, die in dieser Welt verehrungswürdig sind. In ihnen haben wir deutlich das Gute erkennen können, das im Menschen ist. Von diesen Engeln des Guten sind nicht viele in unsere Geschichte eingetreten, aber das Gute ist nicht eine Frage der großen Zahl.

Die Worte der Upanishaden haben Indien gestärkt. Doch sie sind nur Gegenstand der Meditation. Wenn diejenigen, in deren Leben diese Worte Gestalt angenommen haben, uns bekannt werden, dann ist das für uns ein Glücksfall. Denn die Buchstaben der Schrift sprechen nicht, wohl aber die Menschen. Der, von dem wir sprechen, hat viel gelitten, er hatte viele Feinde und starb eines grausamen Todes.

Die Liebe zum Menschen, die im Licht eines großen Schmerzes für immer leuchtet, ist nicht zu vergleichen mit dem Lesen eines Buches. Im Buch sehen wir den Menschen glänzen in seinem Schmerz. Wir verstehen die Worte, die wir lesen, aber sie können uns nicht verwandeln. Es würde uns leichter fallen, unser Leben zu ändern, wenn es uns gelänge, diejenigen zu lieben, die den Menschen geliebt haben.

Als Buddha den Menschen seine unvergleichliche Freundschaft anbot, verkündete er nicht nur die Schrift, er weckte im Herzen des Menschen die Liebe. Und in der Liebe ist die Erlösung. Diejenigen, die Christus wirklich geliebt haben, waren nicht nur darum bemüht, die Laster zu beherrschen, sie haben Unglaubliches geleistet: Sie sind in ferne Länder gezogen, haben Meere und Berge überwunden, um überall die Liebe zum Menschen zu verkünden.

Auf diese Weise entzünden die großen Menschen das Licht des Lebens. Sie diskutieren nicht, verbreiten nicht ihre Meinung, sie schenken sich uns als Menschen.

Die Einladung Christi hat in der menschlichen Gesellschaft viele kleine und große Lichter entzündet. Diese haben den Menschen eine übergroße Liebe vermittelt, so dass sie die Last der Unterdrückten und der Verlassenen tragen konnten. Heute ist die Welt umgeben von großen Untaten schuldiger Menschen. Dieser weite und dichte Nebel hindert uns, diejenigen zu erkennen, die eine Goldgrube der Tugend für die menschliche Gesellschaft sind. Aber diese gibt es wirklich, sonst wäre die Welt zu bedauern, all ihre Schönheit würde erlöschen. Und die ganze Menschheit wäre erfüllt von Dunkelheit.

*Santiniketan, 25.12.1936*

Aus unserem Verlagsprogramm

Der Verlag Neue Stadt bietet ein ausgesuchtes Programm
aus den Bereichen Spiritualität, Biografien, Glauben und
Leben, Lebenshilfe, Geschenkbücher u. v. m.

Mahatma Gandhi
WER DEN WEG DER WAHRHEIT GEHT,
STOLPERT NICHT
Worte an einen Freund

Kerngedanken von Gandhi, Frucht seiner Meditation, von ihm
selbst aufgeschrieben für einen Freund.
128 Seiten, gebunden, Fotos von Andreas Hofmann.
ISBN 978-3-87996-268-6

Klaus Hemmerle
ZUR KRIPPE DURCH DIE HINTERTÜR
Weihnachtliches

Unverbrauchte Formulierungen und überraschende Gedanken eröffnen neue Zugänge zum Geheimnis der Weihnacht.
96 Seiten, gebunden, durchgängig zweifarbig gestaltet.
ISBN 978-3-87996-957-9

Mehr unter www.neuestadt.com